Wolfgang Küpper (Hrsg.)

Neues aus der Bayern-1-Küche

Rezepte, die es in sich haben

Ein BR-Buch

Ehrenwirth

Die Deutsche Bibliothek – CIP-Einheitsaufnahme

Neues aus der Bayern-1-Küche : Rezepte, die es in sich haben /
Wolfgang Küpper (Hrsg.). – München : Ehrenwirth, 1996
(Ein BR-Buch)
ISBN 3-431-03471-3
NE: Küpper, Wolfgang [Hrsg.]

ISBN 3-431-03471-3

Schwanthalerstraße 91, 80336 München
In Zusammenarbeit mit der TR-Verlagsunion, München
Umschlag: Atelier Kontraste, München
Titelillustration: Sigrid Meggendorfer
Layout: Konturwerk, Rainald Schwarz
Satz: Utesch Satztechnik GmbH, Hamburg

Inhalt

Vorwort 5

Suppen
Magosuppe exotisch 8
Legierte Zucchinisuppe 9
Tomatensuppe 10
Fleischstrudel (Suppeneinlage) 11
Vogtländische Brotsuppe 12
Radieserlblatt-Suppe nach Seffi's Art 13

Vorspeisen, Salate, Soßen, Marmeladen, Desserts
Kugelkürbis 16
Apfel-Nachtisch 17
Sommersalat 18
Kürbismarmelade 19
Vanillecreme auf Kirsch-Kompott 20
Traubenbecher 21
Krabbencocktail 22
Krautsalat 23
Marmorierte Tee-Eier 24
Mandarinen-Blutorangen-Marmelade 25
Akazienträubele (Robinienträubele) 26
Thunfisch als Brotaufstrich 27
Dänische Rote Grütze 28

Hauptgerichte
Dänischer Sauerkrauteintopf 30
Ente mit Orangen 31
Kürbis auf ungarische Art 32
Schinken im Bierteig 33
Gänsebraten nach Großmutters Art 34
Lammfleisch mit grünen Bohnen im Reisbett 35
Osterlamm-Keule 36
»Der goldene Fisch à la Clemens Wildenrodt« 37
Pasta con le sardine 38
Maccaroni a la Norma mit scaloppina marsala 38
Bamberger Kähne 39
Spagetti à la »Schwarze Karola« 40
Festtagsmenü in drei Gängen 41
Forellen in Weißweinsauce 44
Forellen nach Auvergner Art 45
Zucchinidatschi 46
Kartoffelmaultaschen auf bayerische Art 47
Hochzeitsknödel 48
Spargelspitzenauflauf 49
Spargel mit Käse Hollandaise 50
Spargel aus der Vollwertküche 51

Gemischtes Spargelbündel mit Hähnchenbrustfilet und Erdbeeren 52
Spargel mit Kräutersteaks 53
Saure Kartoffeln 54
Hühnerbrüstchen, überbacken 55
Kartoffel-Hefeklöße 56
Gefüllter Krautkopf 57
Putenschnitzel in Sardellenpaste 58
Bayerische Calzoni – ein schnelles Sommeressen 59
Goaßbratl 60

Gebäck, Süßspeisen, Mehlspeisen

Bratäpfel mit Dominosteinen 62
Dattel-Walnußkuchen 63
Powidldatscherla 64
Pflaumen-/Apfelkuchen für Diabetiker 65
Echt bayerische Dampfnudel 66
Glutenfreie Mandarinentorte (für Zöliakiekranke) 67
Cefrisch-Torte 68
Safranstollen 69
»Die betrunkene Braut« 70
Fuggergebäck 71
Gekochte Butterplatzl 72
Weihnachtliches »Restebegräbnis« 73
Schokoladen-Lebkuchen 74
Gewürzschnitten 75
Schokoladen-Kokoskuchen 76
Topfenschuxn 77
Walnußplätzchen mit Rum 78
Großmutters Apfelbrot 79
Lebkuchenschnitten 80
Gewürzkuchen 81
Whisky-Torte 82
Rum-Torte 83
Apfelsinen-Torte 84
Rhabarberkuchen 85
Linzer Torte 86
Griesigel 87

Getränke

Zitronen-Bowle ohne Alkohol 90
Bananen-Bowle 91
Hagebutten-Likör 92
Himbeersaft auf kaltem Wege 93
Lindenblütensekt ohne Alkohol 94

Vorwort

Mit der Rezeptesammlung »Neues aus der Bayern-1-Küche« ist ein Jubiläum verbunden: Vor genau 10 Jahren – im Herbst 1986 – erschien unter dem Titel »Das gelingt! Die besten Koch- und Backrezepte von 120 Hausfrauen« im Ehrenwirth Verlag das erste Bayern 1-Musikjournal Koch- und Backbuch. Knapp zwei Jahre zuvor hatten wir damit begonnen, regelmäßig am Donnerstag zwischen 6 und 9 Uhr in der »Koch- und Backstube« auf Bayern 1 ein Hörer-Rezept vorzustellen, immer live präsentiert vom Moderator im Telefongespräch mit der jeweiligen Einsenderin. In der Mehrzahl sind es nach wie vor Frauen, die Rezeptvorschläge beim Musikjournal einreichen und darauf hoffen, in die engere Auswahl zu kommen.

Daß daraus eine mehrjährige, jetzt schon über ein Jahrzehnt währende Höreraktion werden sollte, hat damals niemand geahnt. Weil es aber so ist, sind meines Erachtens wenigstens zwei Schlußfolgerungen erlaubt: Essen und Trinken, die Lust am kulinarischen Genuß, steht auch in der Gunst des Radio-Publikums mit an vorderster Stelle. Selbst das bloße Erzählen von neuen oder auch bewährten alten Küchen-Ideen (denn um nichts anderes handelt es sich, wenn man im Hörfunk Rezepte vorstellt) kann Freude bereiten. Und zweitens erweist sich das Bayern-1-Publikum als besonders ausdauernd und beharrlich: Wer seit mehr als 10 Jahren Gefallen an einem speziellen Bestandteil einer Sendung findet und mit dazu beiträgt, daß dieses Programm-Element weiterlebt, der hat seine Radioheimat gefunden, nämlich in BAYERN 1!
Darüber freut sich ganz besonders

Ihr

Wolfgang Küpper

SUPPEN

Mangosuppe exotisch

eingereicht von Anita Schober, München

1 schöne, reife Mangofrucht
¼ bis ⅜ l Wasser, leicht gesalzen
1 EL Butter
1 EL Mehl
¾ bis 1 EL Curry
⅛ l Weißwein
1 Bouillonwürfel
Salz und Pfeffer nach Geschmack
2 EL Kokosflocken

Die Frucht vorsichtig schälen, das Fruchtfleisch in Stückchen bis zum Kern herunterschneiden und in leicht gesalzenem Wasser 10 Minuten kochen, anschließend zu Mus pürieren. Dann aus Butter und Mehl eine kleine Schwitze bereiten, das Currypulver sofort einrühren. Weißwein hinzugeben, das gekochte, pürierte Fruchtfleisch unterrühren und mit so viel Wasser aufgießen, daß eine nicht zu dicke Suppe entsteht. Jetzt den Bouillonwürfel hinzugeben, unter Rühren aufkochen und 5 bis 10 Minuten köcheln lassen. Mit Salz und Pfeffer abschmecken und zuletzt die Kokosflocken unterrühren.

Legierte Zucchinisuppe

eingereicht von Waltraud Hampp, Babenhausen

1 mittelgroße Zucchini
½ Zwiebel
30 g Butter
1 Prise Salz
etwas weißer Pfeffer (möglichst frisch aus der Mühle)
1 Prise gemahlener Knoblauch
1 l Fleischbrühe (kann auch Instant-Brühe sein)
heller Soßenbinder
2 Eigelb
½ Becher süße Sahne

Die Zucchini schälen und in kleine Würfel schneiden. Die Zwiebel ebenfalls schälen, kleinschneiden, in Butter andünsten und die Zucchini dazugeben. Mit Salz, Pfeffer und Knoblauch überstäuben und mit der Fleischbrühe aufgießen. Anschließend ca. 15 bis 20 Minuten köcheln lassen, Zucchini jetzt mit einem Schaumlöffel aus dem Topf nehmen und mit einem Mixstab pürieren. Die pürierte Masse wieder zur Suppe geben und nach Belieben mit dem Soßenbinder andicken. Die beiden Eigelb mit der Sahne verrühren und dieses Gemisch in die Suppe gießen. Kurz aufkochen lassen und abschmecken.
Mit getoastetem Weißbrot und einem milden Weißwein servieren.

Tomatensuppe

eingereicht von Wolfgang Pfeuffer, München

1 Gemüsezwiebel
1 Stück Stangensellerie
1 Karotte
½ Tasse Karottensaft
1 Knoblauchzehe
2 Peperoncini, getrocknet
ca. 3 kg reife italienische Flaschentomaten
3 Dosen (825 ml) Tomaten
frische Petersilie
Pfeffer
1 EL Salz

Zwiebel fein hacken und zusammen mit dem Stangensellerie, der Karotte, dem Karottensaft, der Knoblauchzehe und den Peperoncini anschwitzen. Anschließend Knoblauch und Peperoncini entfernen und die gewaschenen, kleingeschnittenen Tomaten dazugeben. Etwa 10 Minuten mitrösten und dann die Dosentomaten beifügen. Einige Zweige Petersilie dazugeben und alles ca. 1 Stunde leicht köcheln lassen. Danach Stangensellerie und Petersilie entfernen und die Suppe passieren. Mit Pfeffer und Salz abschmecken.
Dazu Buttercroutons oder Knoblauch-Olivenölcroutons mit frischem Schnittlauch reichen.

Fleischstrudel (Suppeneinlage)

eingereicht von Anni Scheede, Rosenheim/Pang

40 g Mehl
1 Ei
etwas lauwarmes Wasser
zerlassene Butter
200 g Hackfleisch
Majoran, Salz und Pfeffer
Zwiebel, fein gehackt
Petersilie, fein geschnitten

Aus Mehl, Ei und lauwarmem Wasser einen weichen Teig herstellen, eine halbe Stunde ruhen lassen, dann dünn auswalzen und mit zerlassener Butter bestreichen. Aus den übrigen Zutaten einen Fleischteig bilden, auf den Strudelteig legen und diesen zusammenrollen. Die Rolle 15 Minuten in Wasser kochen. Anschließend herausnehmen und in 1 cm breite Stücke schneiden. Die Fleischstrudelstücke gibt man in eine beliebige fertige Suppe.

Vogtländische Brotsuppe

eingereicht von Helga Metzner, Grafenrheinfeld

für 2 Personen:
5 mittelgroße, gekochte Kartoffeln (evtl. vom Vortag)
2 kräftige Scheiben Brot
1 Zwiebel
etwas Pfeffer und Salz
ca. ½ l Wasser
50–100 g Speck

Die Kartoffeln reiben oder auch durchquetschen. Die beiden Brotscheiben würfeln und dazugeben. Die Zwiebel würfeln, hinzufügen und die Masse mit Pfeffer und Salz etwas würzen. Mit dem Wasser übergießen und durchrühren. Jetzt den Speck würfeln, in einer Pfanne auslassen und über die Masse geben. Kurz durchziehen lassen, und fertig ist die Brotsuppe.

Radieserlblatt-Suppe nach Seffi's Art

eingereicht von Seffi Wenk, München

Radieserl nach Belieben
etwas Butter
1 kleine Zwiebel oder
2 Schalotten
ca. ½ l Fleisch- oder
Gemüsebrühe
1 gekochte und geschälte
mittelgroße Kartoffel
1 kleine Knoblauchzehe
Salz, weißer Pfeffer

Von den frischen (und nicht chemisch behandelten) Radieschen die Blätter abpflücken. Anschließend die Früchte und die Blätter gut waschen. In einem Topf etwas Butter zerlassen, die kleine Zwiebel oder die Schalotten fein würfeln und in der Butter lichtgelb andünsten. Die Blätter der Radieserl zugeben und wie bei der Spinatzubereitung leicht zusammenfallen lassen. Topf von der Kochstelle nehmen. Die Fleischbrühe in einen Mixer gießen, die gedünsteten Blätter der Radieserl, die gewürfelte Zwiebel, die gekochte Kartoffel, die Knoblauchzehe sowie Salz und weißen Pfeffer zugeben und alles mixen.
Fertig ist die grüne, cremige Suppe, die man mit Crème fraîche oder Sahnewölkchen und gerösteten Weißbrotwürfeln serviert.

VORSPEISEN, SALATE, SAUCEN, MARMELADEN, DESSERTS

Kugelkürbis

eingereicht von Susanne Gatterer, Nürnberg

6 kg Kürbis
1 l Essig
2 l Wasser
2 kg Zucker
1 Stange Zimt
10–15 Nelkenkörner
1 Msp. Ingwer
etwas Muskatblüte

Den Kürbis schälen. Fruchtfleisch mit Essig und Wasser (kalt) übergießen und über Nacht zugedeckt kühl stellen. Am nächsten Morgen die übrigen Zutaten in den Sud zum Kürbis geben und alles gut aufkochen. Aus dem so gegarten Kürbis lassen sich zum Verzehr Kugeln ausstechen oder Schnitze herausschneiden.

Apfel-Nachtisch

eingereicht von Gerhart A. Wildhagen, München

für 2 Personen:
1 Apfel
1 Paprikaschote
ca. 6 Salatblätter
etwas Milch
1 TL Honig
evtl. 1 Knoblauchzehe

Beim Apfel und bei der Paprikaschote das Kerngehäuse entfernen. Den Apfel aber nicht schälen. Apfel, Paprika und Salatblätter in einem Mixer grob zerkleinern, anschließend mit etwas Milch verrühren und in Schälchen füllen. Je nach Geschmack kann man die Masse mit Honig süßen oder mit einer Knoblauchzehe würzen, die ebenfalls im Mixer zerkleinert wird.

Sommersalat

eingereicht von Ursula Arzberger, Eisenhofen

2 größere Stangen Lauch
1 Dose Ananas (mittlere Größe)
1 Dose Mandarinen
2 Gläser geraspelter Selleriesalat (je ca. 190 g Abtropfgewicht)
1 Glas oder 1 Dose Mais (ca. 350 g Abtropfgewicht)
1 Glas gewürzte Salatcreme (500 ml)

Den Lauch in feine Ringe schneiden oder hobeln, waschen und gut abtropfen lassen. Ananas und Mandarinen kleinschneiden und mit Selleriesalat und Mais mischen. Noch einmal gut abtropfen lassen. Dann mit der gewürzten Salatcreme (z.B. »Miracel Whip«) mischen und im Kühlschrank durchziehen lassen.

Kürbismarmelade

eingereicht von Margarete Henning, Marktoberdorf

1 kg Kürbis-Fruchtfleisch
40 g Ingwer
500 g Gelierzucker
1 Glas Weißwein

Den Kürbis schälen. Fruchtfleisch zusammen mit Ingwer in einem Mixer zerkleinern. Es darf etwas grob bleiben. Dann den Gelierzucker dazugeben und alles etwa 1 Stunde ziehen lassen. Anschließend die Masse nach Packungsvorschrift unter Rühren einkochen. Zum Schluß den Wein dazugeben und in Gläser abfüllen.

Vanillecreme auf Kirsch-Kompott

eingereicht von Renate Will, Coburg

für 6 Personen:
2 Gläser (à 720 ml) Sauerkirschen
2 EL Zucker
1–2 EL Speisestärke
1 Packung Cremepulver mit Vanille-Geschmack
½ l Milch

Die Kirschen abtropfen lassen und den Saft auffangen. Saft und Zucker aufkochen, die Speisestärke mit etwas Wasser verrühren und den Saft damit binden. Die Kirschen unterheben und alles etwas abkühlen lassen. Das Kompott in Gläser füllen und kalt stellen. Cremepulver und Milch verrühren. Mit dem Handrührgerät 3–4 Minuten aufschlagen. Vanillecreme auf das Kompott füllen und mit einer Kirsche garnieren.

Traubenbecher

eingereicht von Renate Will, Coburg

8 EL kernige Haferflocken
½ EL Butter
3 EL Zucker
je 125 g grüne und blaue Weintrauben
250 g Sahnequark
1 EL Zitronensaft

Haferflocken in der Butter goldgelb rösten, mit 1 EL Zucker bestreuen und noch 1 Minute weiter rösten. Die Weintrauben farblich trennen, halbieren und die Kerne entfernen. Sahnequark, Zitronensaft und 2 EL Zucker zu einer Creme verrühren. Schichtweise grüne Trauben, Quarkcreme und Röstflocken in durchsichtige Glasbecher geben. Dann folgen – wieder in Schichten – blaue Trauben, Quarkcreme und Röstflocken.

Krabbencocktail

eingereicht von Wolfgang Pfeuffer, München

1 Tasse Mayonnaise
100 g Sahne
1 frische Ananas
ca. 200 g Shrimps (gefroren oder frisch)
Zitronensaft
Salz und Zucker

Die Mayonnaise mit der Sahne verrühren. Die Ananas aushöhlen, das Fruchtfleisch in kleine Stücke schneiden und dabei den Saft auffangen. Die aufgetauten oder frischen Shrimps sowie die Ananas mit Saft dazugeben und vermengen. Mit Zitronensaft, Salz und Zucker abschmecken. Zum Anrichten den Shrimpssalat in die ausgehöhlte Ananas füllen.

Krautsalat

eingereicht von Wolfgang Pfeuffer, München

1 kleiner Weißkrautkopf
Essig und Öl
Pfeffer und Salz
1 Zwiebel
50 g Speck, fein gewürfelt
Kümmel

Den Strunk vom Weißkrautkopf entfernen, Kopf anschließend vierteln. Das Kraut fein schneiden oder hobeln. Essig und Öl, Pfeffer und Salz mit der zerkleinerten Zwiebel zu einer kräftigen Salatsoße mischen. Das Kraut in kochendem Wasser kurz blanchieren, mit kaltem Wasser abschrecken und noch warm mit der Soße übergießen. Den gewürfelten Speck in der Pfanne ausbraten und zusammen mit dem Kümmel unter den Salat heben. Der Krautsalat muß abgedeckt einige Stunden ziehen. Vor dem Servieren nochmals abschmecken.

Marmorierte Tee-Eier

eingereicht von Heidi Ulrich, Allersberg

8 Eier
Salzwasser
3 Beutel Schwarztee
1 Beutel Lebkuchengewürz
Pfeffer

Die Eier am Vortag in einem großen Topf mit Salzwasser etwa 7 Minuten kochen. Mit kaltem Wasser abschrecken und dann auf einer Platte so rollen, daß die Schalen angeknickt werden. Eier aber nicht schälen! Unterdessen 1 Liter Wasser mit dem Tee und den Gewürzen zum Kochen bringen, die Eier einlegen und noch einmal 5 Minuten kochen. Direkt im Sud erkalten lassen und dann abschälen. Die schön marmorierten Eier in den Kühlschrank legen. Sie werden zum Frühstück oder auf Parties mit Schwarzbrot, Tomatenchutney oder Gewürzketchup, etwas Senf und Butter gegessen.
Dazu reicht man frischen Orangensaft oder heißen Tee.

Mandarinen-Blutorangen-Marmelade

eingereicht von Erna L. Riebel, Nürnberg

600 g Mandarinen
300 g Blutorangen
Schale von einer ungespritzten Orange
1025 g Zucker
1 Päckchen Gelfix

Die Mandarinen schälen, die weißen Häute abziehen und in je 6 bis 8 Teile zerlegen (je 2 bis 3 Mandarinen-Spalten bleiben immer zusammen). Die Spalten in 2 bis 3 cm große Stückchen schneiden, die Blutorangen auspressen und den gewonnenen Saft zu den Früchten geben. Die ungespritzte Orange heiß waschen, anschließend die Schale abreiben oder dünn schälen und in feine Streifen schneiden. Die Fruchtmasse in einen ausreichend großen Topf geben. Von der Gesamtzuckermenge 2 gehäufte Eßlöffel mit Gelfixpulver vermengen, der Fruchtmasse beifügen und unter Rühren zum Kochen bringen. Den restlichen Zucker zugeben, 1 Minute sprudelnd kochen, vom Herd nehmen, 5 Minuten rühren und dann in verschließbare Gläser füllen.

Akazienträubele (Robinienträubele)

eingereicht von Erna L. Riebel, Nürnberg

pro Person:
6 Paar Blütentrauben
1 geh. EL Mehl
1 Eigelb
3 EL Milch
einige Tropfen Zitronenöl
1 EL Rum
1 Prise Salz
1 Eiweiß
1 TL Zucker
Butter zum Ausbacken

Die Blütentrauben kurz waschen, auf einem Sieb abtropfen lassen und auf Haushaltspapier trocknen. Das Mehl sieben und zusammen mit dem Eigelb, Milch, Zitronenöl, Rum und Salz glatt verrühren, anschließend quellen lassen. Eiweiß mit dem Zucker sehr steif schlagen, zur Teigmasse geben und unterheben. In einer Pfanne Butter zerlassen (nicht zu heiß werden lassen), je zwei Blütentrauben in den Teig eintauchen und dann in der Pfanne bei kleiner Flamme beidseitig backen. Darauf achten, daß die Masse innen gar ist (ausreichend Fett verwenden, da das Gebäck sonst zu trocken wird). Auf einer Platte anrichten, mit Rum beträufeln und mit Puderzucker bestreuen. Noch warm servieren.

Thunfischsalat als Brotaufstrich

eingereicht von Ilse Jilg, Erding

1 Dose Thunfisch
1–2 hartgekochte Eier
1 Zwiebel
1–2 Essiggurken
4–5 rote Paprikaschoten aus dem Glas
Salz und Pfeffer
ca. 2–3 EL Mayonnaise
1 TL mittelscharfer Senf
nach Belieben kleingeschnittene frische Petersilie

Den abgetropften Thunfisch mit einer Gabel zerdrücken. Eier, Zwiebel, Essiggurken und Paprikaschoten klein würfeln und untermengen. Mit etwas Salz und Pfeffer würzen. Zum Schluß die Mayonnaise auf den Salat geben, den Senf hinzufügen, mit der Mayonnaise vermischen und dann unterrühren, so daß eine streichfähige Masse entsteht. Je nach Geschmack noch Petersilie unterrühren. Auf ein kräftiges Bauernbrot streichen.

Dänische Rote Grütze

eingereicht von Christel Berger, Puchheim

½ großer Becher Sago (Tapioka aus dem Reformhaus)
1 Glas Sauerkirschen
⅛ l Rotwein (oder mehr)
Saft einer halben Zitrone
1–2 EL Zucker
1 Päckchen tiefgekühlte gemischte Fruchtcocktailbeeren oder Himbeeren (ca. 500 g)

Einen großen Becher halbvoll mit Sago füllen, mit Wasser aufgießen und 1 Stunde quellen lassen. Die Sauerkirschen im Sieb abtropfen lassen. Den Fruchtsaft mit Rotwein, Zitronensaft und Zucker erhitzen. Den gequollenen Sago einrühren und auf kleinster Flamme garen. Weiterhin rühren. Schließlich den Topf von der Herdstelle nehmen und die Früchte unterrühren.
Mit ungeschlagener Sahne oder Vanillesoße servieren.

HAUPTGERICHTE

Dänischer Sauerkrauteintopf

eingereicht von Ada Wengenroth, Krailling

300 g frischer Schweinebauch (Wammerl)
300 g geräucherter Schweinebauch
Fett zum Braten
1 große Zwiebel
750 g Kartoffeln
250 g Sellerie
3–4 Äpfel
ca. 700 g Sauerkraut
etwas Zucker und Salz
1/8 l geschlagene Sahne (ungesüßt)

Das Wammerl in Würfel schneiden und in Fett anbräunen, dann die Zwiebel dazugeben und ebenfalls mitbraten. In einen Dampftopf geben, einen Viertel Liter Wasser darübergießen und jetzt lagenweise die in Scheiben geschnittenen Kartoffeln, den Sellerie in Scheiben, die geschälten und zerteilten Äpfel und dann das Sauerkraut einfüllen. (Wichtig: Die Kartoffeln bleiben hart, wenn sie mit der Säure des Sauerkrauts in Verbindung kommen. Deshalb muß die Schicht Sellerie dazwischen liegen.) Im Dampftopf 8 Minuten garen, nach dem Öffnen stampfen und mit Zucker und Salz abschmecken. Vor dem Servieren die ungesüßte Schlagsahne vorsichtig darunterziehen. Die Sahne verleiht dem Gericht eine köstliche Milde.

Ente mit Orangen

eingereicht von Brigitte Frühwald, München

1 junge Ente
Salz
Zitronensaft
geriebene Orangenschale
Butter
etwas Weißwein
Saft von 2 Orangen und
½ Zitrone
feingeschnittene Schalen von
2 Orangen

Die Ente gut waschen (evtl. noch vorhandene Federkiele mit einer Pinzette entfernen), abtrocknen und innen mit Salz, Zitronensaft und geriebener Orangenschale einreiben. Ente in einen Schmortopf legen und mit zerlassener Butter bepinseln. Dann im Ofen goldbraun und knusprig braten. Während des Bratens öfter mit dem eigenen Saft und einem Schuß Weißwein übergießen. Zum Schluß den Bratensaft mit dem Saft der Orangen und der Zitrone und den feingeschnittenen Orangenschalen mischen. Die gebratene Ente damit begießen und mit dünnen Orangenscheiben garnieren.

Kürbis auf ungarische Art

eingereicht von Sieglinde Kostka, Garmisch-Partenkirchen

Öl, Margarine oder Butter
1 Zwiebel
1 Kürbis
frische Paprika (grün, rot, gelb)
Petersilie
evtl. Tomaten
Kümmel
etwas Essig
Zucker
Salz
Knoblauch
saure Sahne

Etwas Fett (Öl, Margarine oder Butter) in einen (gußeisernen) Topf geben, darauf die kleingeschnittene Zwiebel, den kleingewürfelten Kürbis, die kleingeschnittene Paprika und viel Petersilie geben, evtl. noch Tomaten hinzufügen. Kümmel nach Geschmack verwenden, ganz wenig Essig nehmen, etwas Zucker und etwas Salz. Wer Knoblauch mag, fügt 2 bis 3 Zehen hinzu. Die Mischung nun mit etwas Wasser aufgießen und während des Kochvorgangs ab und an nachsehen, ob die Flüssigkeit ergänzt werden muß. Das Kürbis-Gemüse selbst bildet wenig Eigensaft. Wenn es gar ist, saure Sahne nach Geschmack zugeben. Noch einmal mit Salz, Essig oder Zucker abschmecken.

Schinken in Bierteig

eingereicht von Renate Stiller, Breitbrunn

Saft einer halben Zitrone
Salz
Senf
1 EL Öl
etwas Pfeffer
4 Scheiben gekochter Schinken, ca. 1,5 cm dick

$\frac{1}{8}$ l Bier
1 Prise Salz
2 Eigelb
5 geh. EL Mehl
Eiweiß
Mehl zum Wenden
Fett zum Ausbacken

Zitronensaft, Salz, Senf, Öl und Pfeffer zu einer Mischung verarbeiten und die Schinkenscheiben darin wenden. Das Bier mit der Prise Salz und dem Eigelb verrühren und das gesiebte Mehl untermengen. Das Eiweiß zu steifem Schnee schlagen und unterheben. Die Schinkenscheiben in Mehl wenden, in den Bierteig tauchen und bei 180 Grad im Fettbad schwimmend ausbacken. Die gebackenen Schinkenscheiben herausnehmen und auf Küchenpapier abtropfen lassen.

Dazu paßt frischer Salat und Remouladensoße.

Gänsebraten nach Großmutters Art

eingereicht von Brunhilde Otto, Obernburg/Main

100 g Sultaninen
1 altbackenes Brötchen
1 bratfertige Gans, ca. 3 kg schwer
Salz
500 g gemischtes Hackfleisch
1 Ei
Pfeffer
3 mittelgroße säuerliche Äpfel (bspw. Boskop)

Am Vorabend die Sultaninen heiß waschen und über einem Sieb abtropfen lassen. Morgens das Brötchen einweichen. Die Gans rundherum gut einsalzen. Das Hackfleisch mit dem ausgedrückten Brötchen, dem Ei, Pfeffer und Salz gut mischen. Dazu gibt man die Sultaninen und die geschälten, geviertelten, vom Kerngehäuse befreiten, feingeschnittenen Äpfel, mischt alles gut durch und füllt damit die Gans. Die Öffnung zunähen oder zustecken. Einen großen Bräter mit ca. 3 Tassen Wasser füllen, die Gans hineingeben, d.h. zuerst auf den Rücken legen. Wenn das Geflügel schon etwas angebraten ist, sticht man die Haut leicht ein, damit das Fett austritt. Später dreht man die Gans um und legt sie auf die Brust. Die letzte Stunde sollte sie auf dem Rücken liegend braten. Während des Bratens gut begießen. Mit rund 4 Stunden Bratzeit muß man rechnen, Anfangstemperatur 250 Grad, später 200 Grad. Durch die Füllung bleibt das Gänsefleisch sehr saftig.

Lammfleisch mit grünen Bohnen im Reisbett
eingereicht von Ahmad El-Banna, Nürnberg

für 2–3 Personen:
500 g Lammfleisch vom Schlegel
Gewürzmischung aus
je $\frac{1}{2}$ TL Muskat, Zimt und Curry
sowie $\frac{1}{4}$ TL schwarzer Pfeffer
Öl zum Braten
1 mittelgroße Zwiebel, feingeschnitten
2 Zehen Knoblauch
4–5 EL Olivenöl
500 g frische grüne Bohnen
Bohnenkraut
Salz und Pfeffer
$\frac{1}{4}$ TL Curcuma
2 Tassen Langkornreis

Lammfleisch in Stücke schneiden und mit der Gewürzmischung einreiben. In heißem Öl anbräunen, mit Wasser übergießen und weichkochen. Zwiebel und Knoblauch in Olivenöl andünsten. Die Bohnen in Stücke schneiden oder brechen und mit dem Bohnenkraut zugeben. Alles zusammen 5 Minuten dünsten. Mit Salz und Pfeffer abschmecken, Fleisch aus der Brühe nehmen und zu den Bohnen geben. Mit einem Teil der Brühe und ca. 1 Tasse Wasser bedecken. Bei schwacher Hitze kochen, bis die Bohnen gar sind. In der Zwischenzeit den Rest der Fleischbrühe mit Wasser auf drei Tassen ergänzen, mit Salz und Curcuma würzen, zum Kochen bringen. Reis dazugeben und auf ganz schwacher Flamme zugedeckt 15 bis 20 Minuten ausquellen lassen. Den Reis auf einem Teller anrichten, die Bohnen in eine Reismulde geben. Auf die Bohnen kommt das Fleisch. Alles mit Soße übergießen.
Nach Belieben Joghurt dazu reichen.

Osterlamm-Keule

eingereicht von Fanny Meierhofer, Bad Bayersoien

für 6 Personen:
1 Lammkeule (1,5 bis 2 kg)
2 Knoblauchzehen
Salz
schwarzer Pfeffer
2 EL scharfer Senf
2 EL Rosmarinnadeln
2 Zwiebeln
2 gelbe Rüben
1 dicke Stange Lauch
1 halbe Sellerieknolle
1 EL Öl
$\frac{1}{4}$ l Rotwein
1 Becher Crème fraîche

Die Keule häuten und das Fett bis auf eine dünne Schicht abschneiden, trocknen. Knoblauch mit 1 TL Salz im Mörser zerstampfen, mit einem halben TL grob gemahlenem schwarzen Pfeffer und 2 EL Senf zu einer Paste vermischen. Damit die Keule einreiben und die Rosmarinnadeln gleichmäßig darauf verteilen. In Alufolie packen und so über Nacht im Kühlschrank marinieren. Am anderen Tag werden Zwiebeln, gelbe Rüben, Lauch und Sellerie gewaschen, geputzt und in kurze, dünne Streifen geschnitten. In einer flachen Bratraine wird das Gemüse in Öl geröstet und die Keule (ohne Folie) darauf gesetzt. Backofen auf 200 Grad vorheizen, die Bratraine hineinschieben und die Hälfte des Weins dazugeben. Nach 30 Minuten vorsichtig wenden (die Rosmarinkruste sollte bleiben). Den restlichen Rotwein dazugießen und höchstens noch 45 Minuten weiterbraten. Anschließend die Keule auf einer Servierplatte im abgestellten Ofen warmhalten. Jetzt den Bratfond mit heißem Wasser loskochen, das obenauf schwimmende Fett abschöpfen und die Sauce reduzieren. Crème fraîche einrühren, je nach Bedarf nachwürzen und in einer Sauciere zur schön tranchierten Keule servieren.
Als Beilage gibt es grüne Bohnen und Kartoffeln.

»Der goldene Fisch à la Clemens Wildenrodt«

eingereicht von Gisela Renelt, Graben-Bernried

ca. 800 g Fischfilet (Rotbarsch oder Seelachs)
Salz
etwas Zitronensaft zum Säuern
Paniermehl
Fett zum Braten
2 große Zwiebeln
2 Knoblauchzehen
5 EL Öl
Muskat
1 geh. EL Curry
1 geh. EL gemahlener Ingwer
Saft einer halben Zitrone
5 TL Zucker
2 TL Essig
1 Tasse Wasser
1 Tasse saure Sahne

Die Filets salzen, säuern, leicht panieren und in heißem Fett ca. 10 Minuten von beiden Seiten braten. Für die Soße die geschnittenen Zwiebeln und den Knoblauch in Öl anschwitzen, je 1 Prise Salz und Muskat sowie Curry, Ingwer, Zitronensaft, Zucker und Essig hinzufügen. Wasser und Sahne dazugeben und ca. 15 Minuten köcheln lassen. Die fertigen Filets auf eine vorgewärmte Platte geben und von der etwas dicklichen Soße mit dem Schaumlöffel darübergeben. Den Rest der Soße gesondert reichen.
Dazu schmeckt am besten gekochter Reis und grüner Salat.

Sizilianische Rezepte

eingereicht von Werner Laux, Taufkirchen, in Kooperation mit Annemarie Weißmüller, Palermo

Pasta con le sardine

junges, frisches Fenchelkraut
Zwiebeln
Sardinen
Pinienkerne
Rosinen
Tomatensauce
Salz und Pfeffer
Spaghetti

Fenchelkraut waschen und in Salzwasser kochen (Achtung: Fenchelwasser nicht abgießen!); dann fein zerhacken. Zwiebeln fein schneiden und dämpfen, Sardinen mit einer Gabel zerdrücken und mit Zwiebeln andämpfen; Pinienkerne, Rosinen, Tomatensauce sowie das feingehackte Fenchelkraut zugeben und mit dem Fenchelwasser aufgießen. Alles leicht dämpfen und abschmecken. Parallel dazu die Spaghetti kochen. Zum Schluß alles zusammenmischen und servieren.

Maccaroni a la Norma mit scaloppina marsala

3 Auberginen
Olivenöl zum Braten
Maccaroni
frische Tomatensauce
frischer Ricotta-Käse
Basilikum
Mischung aus Mehl, Pfeffer und Salz zum Wenden
dünne Fleischscheiben vom Kalb
Marsala-Wein
Zwiebelwürfel
geschnittene Champignons
Petersilienkraut

Auberginen in Würfel schneiden und 1 Stunde ins Wasser legen, dann abtrocknen und in heißem Olivenöl braten. Parallel dazu die Maccaroni kochen, sodann die Tomatensauce darübergießen, den Ricotta-Käse zerbröckeln und zusammen mit Basilikum darüberstreuen. Für die scaloppina marsala Mehl, Pfeffer und Salz mischen und die Fleischscheiben darin wenden. Das Fleisch auf beiden Seiten anbraten und dabei etwas Marsala-Wein zufügen. Zwiebelwürfel und die frisch geschnittenen Champignons im Fett des Fleisches anbraten. Gehackte Petersilie darüberstreuen und servieren.

Bamberger Kähne

eingereicht von Anni Scheede, Rosenheim/Pang

400 g Edamer
2 Zwiebeln
125 g roher oder gekochter Schinken
125 g Champignons
4 Eigelb
Salz, Pfeffer, Paprika
2 kleine Stangenweißbrote

Den Edamer in feine Streifen, die Zwiebeln in Scheiben und den Schinken in Würfel schneiden. Zusammen mit den Champignons und dem Eigelb gut vermischen, die Gewürze ebenfalls dazugeben. Von den Stangenbroten die Oberseite dünn abschneiden, die Unterseite aushöhlen und mit der Käsemasse füllen. Im vorgeheizten Backofen (200–220 Grad) so lange überbacken, bis der Käse geschmolzen ist.

Spaghetti à la »Schwarze Karola«

eingereicht von Annemarie Wimmer, Weissenburg

für 2 Personen:
200 g Spaghetti
1 Suppenwürfel
125 g Schweineschnitzel
100 g durchwachsener Räucherspeck
Öl zum Braten
2 Paprikaschoten
1 große Zwiebel
1 Karotte
Sellerie, Lauch und Suppengrün
3 EL süßer Paprika

Die Spaghetti mit dem Suppenwürfel kochen, Brühe auffangen. Das Fleisch und den Speck würfeln, in Öl andämpfen. Das nicht zu klein gewürfelte Gemüse zum Fleisch und Speck geben und ca. eine Viertelstunde mitdämpfen. Mit Brühe aufgießen und bei offenem Deckel kochen lassen. Zum Schluß mit süßem Paprika abbinden. Fleisch und Soße wie gewohnt zu den Spaghetti servieren.

Festtagsmenü in drei Gängen

eingereicht von Anita Bodes, Fürth

Rinderkraftbrühe mit Frühlingsgemüse

1 Bund Suppengemüse
1 Suppenknochen
150 g Rindsgulasch
3 EL Salz
1 l Wasser
evtl. Suppennudeln

Das geputzte Suppengemüse (nur die Hälfte der Lauchstengel), Knochen und Fleisch 40 Minuten in Salzwasser kochen. Den Kochtopf auf der Herdplatte stehen lassen. Knochen, Fleisch und Gemüse mit dem Schaumlöffel herausnehmen. Gemüse durch ein grobes Sieb in die Brühe streichen, Fleisch in schmale Streifen schneiden, ebenso die restliche Lauchstange und dann beides zusammen mit den Suppennudeln in die Brühe geben und noch 5 Minuten kochen. Abschließend nach Geschmack vorsichtig würzen.

Rinderbraten »Moselwinzer« mit Gemüsegarnitur und Knödeln

1 EL Rosinen
1 EL Rotwein
1 kleine Zwiebel
2 Gewürznelken
1 kg zarter Rinderbraten
etwas Salz und Pfeffer
70 g Pflanzenfett
¼ l heißes Wasser
200 ml Rotwein von der Mosel
200 ml Weißwein von der Mosel
3 EL Balsam-Essig
1–2 Soßenlebkuchen, gerieben
2 EL Crème double

Die Rosinen in Rotwein einlegen. Die kleine Zwiebel mit den beiden Gewürznelken spicken. Das Fleisch waschen und trockentupfen, mit Salz und Pfeffer einreiben und in heißem Fett scharf anbraten. Inzwischen Wasser, Wein und

Essig stark erhitzen, Bratentopf vom Herd nehmen und die Flüssigkeit übers Fleisch gießen. Kurz einziehen lassen, gespickte Zwiebel und Rosinen dazugeben und etwa 90 Minuten garen lassen. Fleisch herausnehmen, in Scheiben schneiden, die Soße durch ein Sieb streichen, den geriebenen Lebkuchen in die Flüssigkeit geben und gut aufquellen lassen. Das Fleisch wieder dazugeben und 20 Minuten auf der abgeschalteten Herdplatte ziehen lassen. Kurz vor dem Servieren Crème double einrühren.

Für die Gemüsegarnitur:

1 kleine Sellerieknolle
3 mittelgroße Karotten
2 mittelgroße Stangen Lauch
$\frac{1}{4}$ l Wasser
1 EL Weißwein
1 EL Butter
heller Soßenbinder
etwas Salz und weißer Pfeffer

Das kleingeschnittene Gemüse in Wasser, Wein und Butter nicht zu weich dünsten. Mit Soßenbinder leicht andicken und würzen.
Knödel nach Vorschrift zubereiten. Zusammen mit dem Fleisch und einer kleinen Gemüsegarnitur auf den Tellern verteilen. Über das Fleisch etwas Bratensoße geben.

Feines Vanille-Honig-Dessert

300 ml Milch
3 EL Zucker
1 EL Honig
1 Eigelb
1 Päckchen Vanillepudding »Gala«
4 weitere EL Honig
Eischnee von 1 Eiweiß

Eine Form im Gefrierschrank gut kühlen. Aus Milch, Zucker, Honig, Eigelb und Puddingpulver einen Pudding herstellen: In die kochende Milch zuerst das Eigelb einrühren, dann das Puddingpulver. Nach dem Kochen den Pudding im kalten Wasserbad unter Rühren abkühlen lassen. Den Honig einrühren und den Eischnee unterheben. Die Masse in die gekühlte Form geben und im Gefrierschrank 40 Minuten erstarren lassen. Anschließend herausnehmen und 2 Stunden in den Kühlschrank stellen. Zum Servieren Dessertteller mit gesiebtem Puderzucker leicht bestreuen, mit einem Eisportionierer von der festgewordenen Masse Kugeln abstechen, auf die Teller verteilen und mit Himbeersoße auftischen.

Forellen in Weißweinsauce

eingereicht von Edith Kriechenbauer, Geretsried

2 Forellen
Salz und frisch gemahlener Pfeffer
200 g Wurzelgemüse (Lauch, Karotten, Sellerie)
2 EL Öl
¼ l trockener Weißwein
¼ l Sahne
200 g gekochte Kartoffeln
100 g Tiefkühlerbsen
1 EL gehackte frische Petersilie

Die gewaschenen Fische würzen. Das kleingeschnittene Gemüse in heißem Öl kurz anrösten, mit dem Weißwein ablöschen und die Fische darauflegen. Bei geschlossenem Topf 12–15 Minuten garen. Die Fische herausnehmen und warm stellen. Die Sahne unter die Weißweinsoße rühren, 2–3 Minuten kochen lassen und dann die in Würfel geschnittenen Kartoffeln, die aufgetauten Erbsen und die Petersilie dazugeben. Weitere 3–4 Minuten erhitzen, die Fische darauflegen, wenn nötig nochmals erwärmen und nachwürzen.

Forellen nach Auvergner Art

eingereicht von Edith Kriechenbauer, Geretsried

Salz, Pfeffer, Streuwürze
4 Forellen
ca. 50 g Butter
1/10 l trockener Vermouth
Butterflocken
1/10 l Sahne
2 Eier
125 g Gruyère, gerieben

Die gut gewürzten Forellen in eine gebutterte Gratinform legen. Den Vermouth dazugießen und die Fische mit Butterflocken belegen. Mit Alufolie abdecken und im Ofen bei mittlerer Hitze ca. 10 Minuten dämpfen. Den Fond abgießen, mit der Sahne und den Eiern gut verrühren, würzen und über die Fische gießen. Den geriebenen Gruyère darüberstreuen und im vorgeheizten Backofen bei mittlerer Hitze (Oberhitze) ca. 15 Minuten gratinieren.

Zucchinidatschi

eingereicht von Renate Waldvogel, Kraiburg am Inn

400 g Zucchini
1 mittelgroße Zwiebel (ca. 140 g)
2–4 Knoblauchzehen
70 g feine Haferflocken
2 Eigelb
1 Eiweiß
1 TL Sojasoße
1 TL Worcestersoße
frisch gemahlener weißer oder schwarzer Pfeffer nach Geschmack
ca. ½ TL Salz oder Fondor
kaltgepreßtes Olivenöl zum Ausbacken

Ältere Zucchini schälen, jüngere mit der Schale mittelfein raspeln. Die Zwiebel kleinschneiden, Knoblauch sehr fein hacken oder schneiden. Alles mit den übrigen Zutaten vermengen und dann etwa handtellergroße, dünne Datschi formen und sofort in (kaltgepreßtem) Olivenöl ausbacken.
Dazu paßt Quark, Frischkäse oder auch Sauerkraut.

Kartoffelmaultaschen auf bayerische Art

eingereicht von Amalie Widmann, Markt Indersdorf

1 kg Kartoffeln
250 g Mehl (evtl. zur Hälfte Vollkornmehl)
1 Ei
1 TL Salz
1 Msp. Muskat
1 Msp. Pfeffer
50 g zerlassene Butter (oder 6 EL Sauerrahm)
600 g geschälte, feingeschnittene Äpfel
6 TL Zucker
etwas Zimt
Fett zum Backen
flüssige Butter zum Bestreichen

Die Kartoffeln kochen, schälen und heiß durchpressen. Danach erkalten lassen und mit dem Mehl, dem Ei und den Gewürzen zu einem Teig vermengen, eine Rolle formen und in 6 gleiche Teile zerlegen. Auf einem bemehlten Brett jedes Teigstück ½ cm dick zu einem Kreis ausrollen, mit flüssiger Butter oder Sauerrahm bestreichen, die geschnittenen Äpfel auflegen, den Zimtzucker darüberstreuen und zu einer Rolle formen. In eine gut gefettete Bratraine quer einlegen und bei 200 Grad (im Elektroherd) 50 bis 60 Minuten backen. Kurz vor dem Herausnehmen mit zerlassener Butter bestreichen.

Hochzeitsknödel

eingereicht von Amalie Widmann, Markt Indersdorf

50–70 g Butter oder Butterschmalz
3–4 Eier
etwas Salz und Muskat
150–200 g mageres, feingewiegtes Rauchfleisch
150 g geriebener Emmentaler
150 g ausgedrücktes und fein aufgeschnittenes Sauerkraut
5–6 kleinwürfelig geschnittene Semmeln

Butter oder Butterschmalz, Eier, Salz und Muskat gut schaumig rühren. Rauchfleisch, Emmentaler, Sauerkraut und die geschnittenen Semmeln daruntergeben. Man läßt die Masse kurz quellen und gibt sie anschließend in eine feuchte Stoffserviette oder in eine Alufolie. Die Hülle gut verschließen und den Knödel dann eine halbe Stunde in Salzwasser kochen. Nach dem Kochen abtropfen lassen, in eine Schüssel legen, oben aufreißen und gegebenenfalls braune Butter, Butterbrösel oder Röstzwiebel darübergeben.

Spargelspitzenauflauf

eingereicht von Elfriede Hunger, Königsbrunn

500 g Spargelspitzen
evtl. Schinkenwürfelchen, Erbsen, Karotten
¼ l saure oder süße Sahne
3 Eier
1 TL Mehl
½ TL Salz
1 Prise Muskatnuß
Butterflöckchen
geriebener Käse
Petersilie zum Bestreuen

Die Spargelspitzen in kochendem Salzwasser kurz angaren, dann in eine gefettete Auflaufform legen und evtl. Schinkenwürfel, Erbsen und Karotten dazugeben. Sahne, Eier, Mehl, Salz und Muskat verrühren und über den Spargel gießen. Butterflöckchen dazwischensetzen und alles nach Geschmack mit geriebenem Käse bestreuen. Bei 200 Grad ca. 30–40 Minuten überbacken, bis der Auflauf hellbraun und der Käse zerschmolzen ist. Mit gehackter Petersilie überstreuen.

Spargel mit Käse Hollandaise

eingereicht von Ute Haupt-Hodis, Wertheim

1 kg Spargel
½ TL Salz
½ TL Zucker
1 TL Margarine
1½ l kochendes Wasser

für die Soße:
1 EL Butter
3 EL Mehl
⅛ l Sahne
1 Ecke Kräuter- oder Schinkenkäse
Hähnchen-Gewürzsalz
Schnittlauch

Den Spargel schälen und mit Salz, Zucker und Margarine in das kochende Wasser geben. Ca. 25 Minuten köcheln lassen. – Für die Soße die Butter in einem Topf schmelzen lassen, Mehl dazugeben, gut umrühren und darauf achten, daß die Mehlschwitze nicht braun wird. Ca. 2 Tassen vom Spargelsud nach und nach schnell unterrühren. Es dürfen keine »Batzerln« entstehen. Schließlich die Sahne unterrühren sowie den Käse. Die Soße soll dicklich werden. Mit etwas Hähnchen-Gewürzsalz und kleingehacktem Schnittlauch bestreut zum Spargel servieren.

Spargel aus der Vollwertküche

eingereicht von Margot Russ, Bad Kissingen

2 kg Spargel
Salz
1 Prise Zucker
80 g Butter
50 g Grünkernmehl
2 Eier
6 EL feingehackte, gemischte Kräuter
Pfeffer aus der Mühle
1 Eigelb
$\frac{1}{8}$ l süße Sahne

Den Spargel schälen, in $\frac{3}{4}$ l Wasser mit Salz und Zucker 15 bis 18 Minuten zugedeckt garen. Anschließend den Spargel auf einer Servierplatte anrichten und zugedeckt warm stellen. Jetzt die Butter aufschäumen lassen, das Grünkernmehl unterrühren und anschwitzen. Mit $\frac{3}{8}$ l Spargelwasser auffüllen und 15 Minuten aufkochen. Dabei dauernd rühren. Die Eier hart kochen, abschrecken und abkühlen lassen. Anschließend schälen und würfeln. 5 EL Kräuter unter die Soße rühren, mit Salz und Pfeffer würzen. Danach das Eigelb mit der Sahne verrühren und in die Soße unterrühren. Spargel mit etwas Soße begießen, die gewürfelten Eier und restlichen Kräuter obenauf streuen.
Mit Pellkartoffeln servieren.

Gemischtes Spargelbündel mit Hähnchenbrustfilet und Erdbeeren

eingereicht von Renate Will, Coburg

400 g grüner Spargel
400 g weißer Spargel
Salz
1 Prise Zucker
100 g Erdbeeren
4 Hähnchenbrustfilets
weißer Pfeffer
20 g Fett
1 Päckchen Holländische Soße
1 Bund Estragon

Den küchenfertigen grünen und weißen Spargel zu vier gemischten Portionen zusammenbinden. In kochendes Salzwasser mit einer Prise Zucker geben und eine halbe Stunde bei mittlerer Hitze garen lassen. Währenddessen die Erdbeeren in Scheiben schneiden. Die Hähnchenbrustfilets waschen, trockentupfen, salzen, pfeffern. Dann das Fett erhitzen und die Filets darin 8–10 Minuten goldbraun braten, herausnehmen und warm stellen. Jetzt die Erdbeerscheiben kurz in heißem Bratfett schwenken. Spargel aus dem Wasser nehmen und abtropfen lassen. Filets in Scheiben schneiden, mit den Erdbeeren und der heißen Soße auf Tellern anrichten. Den gehackten Estragon darüberstreuen.

Spargel mit Kräutersteaks

eingereicht von Karoline Aicher, Zirndorf

4 Rinderfiletsteaks (je 200 g)
2 Knoblauchzehen
125 ml Olivenöl
1 EL Kräuter der Provence
Salz
Pfeffer aus der Mühle
1 kg frischer Spargel
2 Zwiebeln
einige Nelken
1 Lorbeerblatt
$1\frac{1}{4}$ l Weißwein
$\frac{3}{4}$ l Gemüsebrühe
Saft von 1 Zitrone
250 g Eierspätzle
4 Tomaten
5 EL Butter oder Margarine
weißer Pfeffer aus der Mühle
1 Bund Schnittlauch

Filetsteaks waschen, trockentupfen und in eine Schüssel legen. Knoblauch schälen und fein hacken. Mit dem Olivenöl, den Kräutern, Salz und Pfeffer verrühren und über die Steaks gießen. Im Kühlschrank 6 bis 8 Stunden ziehen lassen. Dabei gelegentlich wenden. Spargel schälen (evtl. holzige Teile abschneiden). Eine Zwiebel schälen und mit Nelken und Lorbeerblatt spicken. Wein, Gemüsebrühe, Zwiebel und Zitronensaft aufkochen. Spargel darin ca. 15 Minuten garen. Spätzle in kochendem Salzwasser ca. 8 Minuten garen. Abgießen und abtropfen lassen. Restliche Zwiebel schälen und fein hacken. Tomaten waschen und die Haut über Kreuz einritzen. Anschließend mit kochendem Wasser überbrühen, häuten, entkernen und in feine Würfel schneiden. 2 EL Fett erhitzen und die Zwiebel darin glasig dünsten. Tomatenwürfel und Spätzle zufügen und erhitzen. Mit Salz und Pfeffer abschmecken. Aus der Pfanne nehmen und warm stellen. Filetsteaks aus der Marinade nehmen. Etwas Marinade in der Pfanne erhitzen und die Filetsteaks darin von jeder Seite ca. drei Minuten braten. Mit Salz und Pfeffer würzen. Steaks zusammen mit Spätzle und Spargel auf Tellern anrichten. Restliches Fett erhitzen und über den Spargel gießen. Schnittlauch waschen, trockenschütteln und in feine Röllchen schneiden. Anschließend Spargel und Spätzle damit bestreuen.

Saure Kartoffeln

eingereicht von Peter Barchmann, Nürnberg

ca. 500–700 g Kartoffeln
1 Zwiebel
2 EL Öl
2–3 EL Essig
etwas Salz
gewürfelter Speck nach Gutdünken
4 Eier
Fett

Die Kartoffeln mit der Schale kochen. Anschließend schälen und zerschneiden. Die Zwiebel in Würfel schneiden, mit Öl, Essig und etwas Salz vermischen. Dazu reichlich vom gewürfelten, braun gebratenen Speck geben und alles auf die warmen Kartoffeln gießen. Die Eier in heißem Fett verrühren und beidseitig zum Eierkuchen aufbacken. Zusammen mit den Kartoffeln servieren.

Hühnerbrüstchen, überbacken

eingereicht von Hannelore Jäger, München

8 Teile Brüstchen vom Huhn, ersatzweise kleine Putenschnitzel
200 g ungeschlagene Sahne
1 Bund Petersilie, gehackt
3 Knoblauchzehen, feingehackt und zerdrückt
80 g Walnüsse, gehackt
80 g Gouda oder Emmentaler, gerieben

Die Hühnerbrüstchen kurz von beiden Seiten anbraten und in eine gefettete Bratraine legen. Alle anderen Zutaten mischen, über die Hühnerbrüstchen verteilen und ca. 30 Minuten bei ca. 190 Grad überbacken.
Mit gemischtem Salat und Stangenweißbrot servieren.

Kartoffel-Hefeklöße

eingereicht von Renate Hahn, Bischofsheim a.d. Rhön

250 g Kartoffeln
250 g Mehl
1/2 TL Salz
1/8 l Milch
25 g Hefe
Pflanzenfett zum Ausbacken

Kartoffeln kochen und durchpressen. Mehl und Salz in eine Schüssel geben, Milch lauwarm werden lassen und Hefe darin verrühren. Die Milch mit der verrührten Hefe und den durchgepreßten Kartoffeln in die Schüssel geben. Sämtliche Zutaten zusammenkneten und gehen lassen. Teig zu einer Rolle formen. Diese in gleichmäßig große Scheiben teilen und zu Klößen formen. Fett erhitzen und Klöße darin schwimmend ausbacken.
Die Kartoffel-Hefeklöße eignen sich hervorragend zu Magerbraten, Lamm- und Rinderbraten.

Gefüllter Krautkopf

eingereicht von Brunhilde Otto, Obernburg/Main

2–3 kg Weißkraut
Fett für die Form
750 g gemischtes Hackfleisch
1 eingeweichtes und ausgedrücktes Brötchen (Diabetiker nehmen anstelle des Brötchens ca. 5 EL feine Haferflocken)
1 Ei
Pfeffer und Salz
1 EL gehackte Petersilie oder
1 kleine, gehackte Zwiebel

für die Soße:
Mehl
1 EL Kümmel

Am Vortag das Weißkraut in kochendes Wasser geben und gut weich werden lassen, damit sich die Blätter der Puddingform, die für dieses Gericht benötigt wird, anpassen können (Gemüsebrühe auffangen). Am Tag danach die Puddingform gut einfetten und das Hackfleisch mit den restlichen Zutaten mischen. In die Puddingform kommen zuerst 2–3 Blätter vom Weißkraut, dann abwechselnd eine Schicht Hackfleisch, Weißkraut usw. Die letzte Schicht sollte aus Weißkrautblättern bestehen. Man verschließt nun die Form und gibt sie in einen Topf mit kochendem Wasser. Wenn die Form im Topf steht, sollte das Wasser die Hälfte bis ⅔ der Form umschließen. Kochzeit ca. 1 Stunde. Anschließend wird der Krautkopf in eine Schüssel gestürzt. Vom Abkochwasser des Weißkrauts bereitet man mit Mehl und dem Kümmel eine Soße.
Dazu gibt es Kartoffeln und evtl. einen frischen Salat. (Vom restlichen Weißkrautwasser und den Weißkrautblättern aus dem Inneren des Kopfes kann man den Grundstock für eine Suppe bilden.)

Putenschnitzel in Sardellenpaste

eingereicht von Maria Odstrcil, Unterhaid

Putenschnitzel
Fett zum Braten
1 EL Crème fraîche
½ EL gehackte, in Essig eingelegte Kapern
½ EL Sardellenpaste

Die Putenschnitzel zunächst wie gewohnt von beiden Seiten in Fett braten. Anschließend das Fleisch aus der Pfanne nehmen, das Fett mit ganz wenig Wasser auflösen, mit Crème fraîche, gehackten Kapern und Sardellenpaste vermischen und kurz aufkochen. Jetzt das Fleisch nur zum Erwärmen und Durchziehen dazugeben. Guten Appetit!

Bayerische Calzoni – ein schnelles Sommeressen
eingereicht von Irmgard Bratzdrum, Kraiburg a. Inn

Mehl
Milch
Öl für die Pfanne
Schinken
Scheiblettenkäse

Aus Mehl und Milch dünne Pfannkuchen backen, einzeln mit Schinken und Scheiblettenkäse belegen. Dann die eine Pfannkuchenhälfte über die andere stülpen, auf eine warme Platte oder in eine Jenaer Schüssel legen, ein paar Minuten zugedeckt lassen, damit der Käse zerläuft – und schon sind die Calzoni verzehrfertig.
Dazu schmeckt sehr gut grüner Salat.

Goaßbratl

eingereicht von Fanny Meierhofer, Bad Bayersoien

1 kg Schweinefleisch
Salz, Pfeffer, Kümmel
1 große Zwiebel, gewürfelt
1 kg Kartoffeln

Das Schweinefleisch (Wammerl oder Schulterstück) waschen, gut mit Salz, Pfeffer und Kümmel einreiben. Dann gibt man es mit etwas Wasser und der Zwiebel in eine Bratraine und schiebt diese ins vorgeheizte Bratrohr. Während des Bratens immer wieder begießen. Wird das Fleisch mit der Schwarte gebraten, so legt man es mit der Hautseite nach unten in die Bratraine. Ist die Haut weich, dreht man das Fleisch um und schneidet sie mit einem scharfen Messer grob würfelig ein. Weiter gut begießen und so lichtbraun und rösch braten. Die rohen Kartoffeln waschen, schälen und in etwas dickere Scheiben schneiden. Eine halbe Stunde vor dem Ende der Garzeit die Kartoffeln zum Braten geben und mit Salz, Pfeffer und 1 TL Kümmel überstreuen.

GEBÄCK, SÜSSSPEISEN, MEHLSPEISEN

Bratäpfel mit Dominosteinen

eingereicht von Ruth Krause, Unterhaching

Äpfel (z.B. Boskop), beliebig viel
pro Apfel 2–3 Dominosteine
gehackte Walnüsse
$\frac{1}{8}$ l Rotwein oder Saft
Butter
etwas Rum oder Cognac

Das Kerninnere der Äpfel mit einem Apfelausstecher entfernen. Die Äpfel bleiben ungeschält. Jeden Apfel mit 2 bis 3 zerdrückten Dominosteinen und etwas gehackten Walnüssen füllen. Äpfel dann in eine Auflaufform setzen und mit dem Rotwein übergießen. Backofen auf 200 Grad aufheizen (Umluft 180 Grad), Form hineinschieben und Äpfel 30 Minuten backen. Vor dem Verzehr auf den heißen Apfel ein nußgroßes Stück Butter geben und mit 1 EL Rum oder Cognac begießen.

Dattel-Walnußkuchen

eingereicht von Lisa Kluge, Bernau

175 g Datteln, gehackt
150 ml Wasser
120 g Karube (= Johannisbrot) oder 2 TL Kakao
240 g Walnüsse, grob gehackt
1 mittelgroßer Apfel, geschält und gerieben
385 g Weizenvollkornmehl
175 g Zucker
1 TL Backpulver
1 TL Natron
1 Eiweiß
1 TL Vanillepulver
150 ml Kondensmilch

Die Datteln mit dem Wasser und der Hälfte der Karube verrühren. Unter Rühren erhitzen und wieder erkalten lassen. Nüsse, Apfel, Mehl, Zucker, Backpulver und Natron in eine Schüssel geben und verrühren. In einer zweiten Schüssel das Eiweiß mit dem Vanillepulver und der Milch verquirlen. Dattelmischung und restliche Karube zu der Mehlmischung geben, Eiweißmasse einfüllen und alles zu einem glatten Teig verrühren. In eine gefettete Kastenform füllen und bei 180 Grad 70 bis 80 Minuten backen.

Powidldatscherla

eingereicht von Heidi Ulrich, Allersberg

400 g Mehl
20 g Hefe (= ½ Würfel)
¼ l Milch
30 g Butter
30 g Zucker
1 Päckchen Vanillezucker
2 Eier
1 Päckchen Zitroback
1 Päckchen Rumback
Fett zum Ausbacken
Pflaumenmus (Powidl)
½ TL Zimt
Puderzucker
Kompott, Vanillesoße oder Kaffee nach Belieben

Mehl in eine Schüssel geben und eine Vertiefung bilden. In die Mulde Hefe bröckeln, Milch mit Butter und Zucker erwärmen und hineingießen. Dieses »Dampferl« 15 Minuten gehen lassen. Dann Vanillezucker, Eier, Zitroback und Rumback untermengen und zu einem dickflüssigen Teig verrühren. Anschließend nochmals zugedeckt eine halbe Stunde quellen lassen. Fett in einer Pfanne erhitzen und mit einem Schöpflöffel handtellergroße Datscherl gießen und beidseitig 3 Minuten backen. Noch warm mit Powidl zusammenkleben und mit Zimtzucker bestreuen.
An heißen Tagen wird dazu Kompott oder Vanillesoße gereicht. Die Datscherln kann man aber auch kalt zum Kaffee essen.

Pflaumen-/Apfelkuchen für Diabetiker

eingereicht von Ursula Häusler, München

100–110 g (frisch gemahlenes) Weizenmehl
125–150 g Mager- oder Vollmilchquark
1–2 EL Olivenöl
Fett für das Blech
gewaschene, entkernte, eingeschnittene Pflaumen oder entsprechend Äpfel

Mehl, Quark und Olivenöl (ohne Backpulver, ohne Zucker) verkneten und auf ein gefettetes Kuchenblech der Größe 17,5 x 25 cm streichen. Auf den Teigboden die gewaschenen, entkernten und eingeschnittenen Pflaumen legen und – ebenfalls ohne Zucker – bei 200 Grad 30 Minuten backen.
Anstelle der Pflaumen kann man auch Äpfel nehmen. Allerdings muß man auf die Äpfel etwas Fruchtzucker streuen, da der Kuchen sonst zu trocken wird.

Echt bayerische Dampfnudel

eingereicht von Karoline Aicher, Zirndorf

für den Teig:
500 g Mehl
¼ l Milch
25 g Hefe
40 g Butter
80 g Zucker
1 Ei, Salz

zum Kochen:
Milch
1 EL Fett, zerlassen
2 EL Zucker

Aus den Zutaten wie gewohnt einen Hefeteig bereiten. Wenn der Teig aufgegangen ist, etwa 12 Nudeln formen. Diese setzt man dicht nebeneinander in einen Topf, dessen Boden mit ca. 2 cm Milch bedeckt ist. Zusammen mit dem zerlassenen Fett und dem Zucker aufkochen und zugedeckt bei schwacher Hitze 20 Minuten schmoren lassen. Wenn die Milch ein brutzelndes Geräusch verursacht, Hitze nochmals drosseln und Nudeln weitere 20 Minuten fertig backen, bis sie an der Unterseite eine braune Kruste gebildet haben. Beim Servieren kommt die Kruste nach oben, darauf gibt man Vanillesoße. (Wichtig: Während der ersten 20 Minuten Backzeit Deckel nicht öffnen.)

Glutenfreie Mandarinentorte (für Zöliakiekranke)

eingereicht von Friedlinde Zissler, Kirchenlamitz

für den Boden:
1 großes Ei
2 EL heißes Wasser
50 g Zucker
1 Päckchen Vanillinzucker
40 g Damin-Mehl für glutenfreie Nahrung
25 g Kartoffelmehl
½ TL Backpulver

für den Belag:
4 Dosen Mandarinen
2 Päckchen Tortenguß
1 Becher Schmand
1 Päckchen Quensch (Orange)
4 Becher Sahne
4 Päckchen Sahnesteif

Aus den zuerst genannten Zutaten einen Tortenboden herstellen. Darauf die Mandarinen verteilen und mit dem Tortenguß abdecken. Den Schmand mit dem Päckchen Quensch verrühren. Sahne mit Sahnesteif schlagen und unter die Schmandmasse heben. Anschließend auf der Torte verstreichen.

Cefrisch-Torte

eingereicht von Walburga Härtl, Neumarkt/Oberpfalz

Biskuitteig
3 Becher Sahne
4 Päckchen Sahnesteif
1 Becher Crème fraîche
100 g Cefrisch (Orange)
1 EL Puderzucker
2 Päckchen Vanillezucker
2–3 kleine Dosen Mandarinen
klarer Tortenguß

Einen Biskuitteig (mit 4 Eiern) backen, auskühlen lassen und einmal horizontal durchschneiden. Die Sahne mit Sahnesteif schlagen, Crème fraîche, Cefrisch und Puderzucker unterheben und den Vanillezucker einrühren. Einen Tortenring um den Biskuitboden legen und die Hälfte der angerührten Füllung daraufstreichen. Den oberen Boden auflegen und den Rest der Masse darauf verteilen. Anschließend die Mandarinen auflegen, farblosen Tortenguß darübergießen und die Torte dann im Kühlschrank eine Stunde fest werden lassen. Zum Schluß den Tortenring entfernen.

Safranstollen

eingereicht von Helma Bech, Eschede/Celle

300 g Mehl
½ Päckchen Backpulver
75 g Butter
75 g Zucker
1 Ei
1 Prise Salz
2 Döschen Safran
150 g Quark
½ Glas rote Johannisbeerkonfitüre
25 g Fett für die Form
75 g Haselnuß- oder Mandelblättchen

Mehl und Backpulver auf ein Backbrett sieben. Butterflocken und Zucker hinzufügen und alles zerbröckeln. Ei, Salz, Safran und Quark verrühren und mit dem Mehl verkneten. Den Teig auf der Platte ausrollen, wellen und mit der Konfitüre bestreichen. Danach zur Rolle formen. Eine Kastenform mit Butter auspinseln und mit Haselnuß- oder Mandelblättchen ausstreuen. Den Teig mit der Naht nach unten in die Form legen und die Oberseite 10 cm lang einschneiden. Bei 160–180 Grad ca. 50–60 Minuten backen.

»Die betrunkene Braut«

eingereicht von Doriya Gröhl, Wertingen-Hirschbach

für den Teig:
9 EL Milch
9 EL Öl
9 EL Zucker
9 EL Mehl
1 Päckchen Vanillezucker
1 Päckchen Backpulver
5 EL geriebene Schokolade
3 Eier

für die Fertigstellung:
¼ l Milch
6 EL Rum
6 EL Zucker
2 Becher Sahne
Schokostreusel oder Kakaopulver zum Verzieren

Alle zuerst genannten Zutaten zu einem Teig verrühren und im vorgeheizten Backofen bei 160 Grad 20 bis 30 Minuten backen. Danach mit einem Gemisch aus Milch, Rum und Zucker tränken und über Nacht stehen lassen. Kurz vor dem Servieren zwei Becher Sahne steif schlagen, den getränkten Kuchen damit bestreichen. Mit Schokostreuseln oder Kakaopulver verzieren.

Fuggergebäck

eingereicht von Barbara Mannsberger, Augsburg

200 g Zucker
3 große Eier (ca. 200 g)
200 g Mehl (kann auch mit Vollkorn gemischt werden)
200 g Nüsse, gemischt
200 g Rosinen
200 g Zartbitterschokolade

Zucker und Eier schaumig schlagen. Von den 200 g Mehl etwas entnehmen, in eine separate Schüssel geben und darin die ungemahlenen ganzen Nüsse und Rosinen sowie die in kleine Würfel gehackte Schokolade mit dem Mehl vermengen. Das restliche Mehl in die schaumig geschlagene Masse aus Zucker und Eiern geben, unterheben und schließlich mit den übrigen Zutaten mischen, so daß eine Nuß-Schokoladen-Biskuitmasse entsteht. Ein Backblech mit Backpapier auslegen und die Teigmasse auf dem Blech glattstreichen. Im vorgeheizten Backrohr (180 Grad) 20 Minuten backen. Danach sollte das Gebäck zunächst im Rohr bleiben, allerdings abgedeckt mit Backpapier und einem Geschirrtuch (damit die Feuchtigkeit im Kuchen bleibt). Am nächsten Tag das Gebäck mit einem scharfen, großen Küchenmesser in 1 cm starke und 5 cm lange Stücke schneiden.
Aufbewahrung am besten in einer Blechdose.

Gekochte Butterplatzerl

eingereicht von Monika Schirmer, Regensburg

- *zerfledderte Teigreste, die beim Ausstechen von Butterplatzerl übrigbleiben*
- *Milch*
- *Fett für die Form*
- *Zucker*
- *Vanillezucker*
- *Eier*

Genaue Maßangaben können nicht gemacht werden. Alles richtet sich nach der Menge der Teigfleckerl, die man verwendet. Als Faustregel gilt aber: Auf einen Viertel Liter Milch kommen zwei Eier.

Die Teigreste gibt man in einen Topf und gießt so viel Milch darüber, daß sie bedeckt sind. Dann kocht man sie sanft bei schwacher Hitze, bis sie weich sind (etwa 15 bis 20 Minuten). Es empfiehlt sich, ab und an umzurühren. In der Zwischenzeit fettet man eine nicht zu große Jenaer Glasform aus. Die weich gekochten Teigfleckerl läßt man etwas abkühlen, rührt den Zucker und den Vanillezucker sowie die Eier dazu, füllt dann die Masse in die Form und setzt diese ins heiße Backrohr. In ca. 20 bis 30 Minuten soll die Masse stocken. Sie wird sofort warm aufgetragen und gegessen.

Dazu schmeckt sehr gut Kompott oder heiße Brombeeren.

(Zwecks Energieersparnis kann man die Glasform auch gleichzeitig zu den Plätzchen, die gebacken werden sollen, ins Rohr schieben.)

Weihnachtliches »Restebegräbnis«

eingereicht von Margot Günzel, Hanau

alten, trockenen Pfefferkuchen (Lebkuchen) ohne Oblaten
Fruchtsaft oder Rotwein mit einem Schuß Rum
½ l Milch
etwas Zucker
1 Päckchen Vanille- oder Sahnepuddingpulver

Die Pfefferkuchen- oder Lebkuchenreste in eine Schüssel geben und mit Fruchtsaft (für Kinder) oder Rotwein-Rum begießen. Aus Milch, Zucker und Puddingpulver einen Pudding kochen und über den Pfefferkuchen gießen. Kühl stellen.

Schokoladen-Lebkuchen

eingereicht von Erika Heller, Cadolzburg

für den Teig:
200 g Marzipan
400 g Mandeln
200 g bittere Schokolade
2 große Eier
75 g Zucker
200 g Honig
8 Eiweiß
100 g kleingehackte Walnüsse
60 g Orangeat
2 TL Backpulver
1 Päckchen Lebkuchengewürz

für die Fertigstellung:
ca. 50 Oblaten (70 mm Durchmesser)
Schokoladenguß

Marzipan kalt stellen und reiben. Mandeln und die Schokolade fein mahlen. Ganze Eier mit Zucker und Honig schaumig schlagen. Eiweiß ebenfalls schaumig schlagen. Die restlichen Zutaten mit etwas Eiweiß gut unter das Marzipan-Eier-Honig-Gemisch mengen. Restliches Eiweiß gut mit dem Teig vermischen. Auf Oblaten streichen und im Heißluftherd bei 140 Grad ca. 30 Minuten backen. Nach dem Erkalten mit Schokoladenguß überziehen.
Die Teigmenge ergibt ca. 45 bis 50 Lebkuchen.

Gewürzschnitten

eingereicht von Margarete Seyffert, Falkendorf

500 g brauner Farinzucker
250 g weißer Zucker
1000 g Mehl
200 g Mehl
2 Eier
2½ TL Zimt
1 TL Nelken
etwas Muskat
1 EL Anis
2 EL Kakao
3 EL Honig
2 Päckchen Backpulver
Milch
Puderzucker
Buntzucker zum Bestreuen

Alle Zutaten (bis auf Milch, Puder- und Buntzucker) zu einem Teig vermengen. Milch nach Bedarf zugeben, bis sich der Teig gut auf einem Backblech verstreichen läßt. Die Teigmenge paßt auf zwei Backbleche. Ofen auf 190 Grad vorheizen. Backzeit 30 Minuten. Anschließend mit Puderzucker glasieren und mit Buntzucker bestreuen. Die Gewürzschnitten in Rautenform auf dem Blech schneiden.

Schokoladen-Kokoskuchen

eingereicht von Gabi Lederwascher, Simbach/Inn

für den Teig:
250 g Butter
250 g Zucker
5 Eier, getrennt
1 Prise Salz
200 g Kakaopulver
150 g Mehl
150 g Kokosflocken
200 g gemahlene Nüsse
1 Päckchen Backpulver
1 Päckchen Vanillezucker
¼ l Milch
2 EL Rum

für den Guß:
Fertig-Schokoguß
1 Riegel Vollmilchkuvertüre, nach Belieben

Aus den genannten Zutaten einen Teig bilden. Von den Eiern allerdings zunächst nur das Eigelb verwenden. Erst zum Schluß den Eischnee vorsichtig unterheben. Nach dem Backen den noch warmen, gestürzten Kuchen mit Schokoguß bestreichen. Damit die Glasur richtig kräftig wird, kann man noch einen Riegel Vollmilchkuvertüre zum Fertig-Schokoguß hinzufügen.

Topfenschuxn

eingereicht von Amalie Widmann, Markt Indersdorf

1 kg Mehl
2 Würfel Hefe
5 Eier
3 Becher Hüttenkäse
½ Becher Sahne
etwas Zucker
2 gestr. TL Salz
ca. ½ l Milch
2 Gläschen Rum
Fett zum Ausbacken

Aus den Zutaten wird ein Hefeteig zubereitet. Der Teig sollte etwas weicher als bei Rohrnudeln oder bei einem Hefezopf sein. Mit einem Löffel Teig abstechen und Kugeln formen. Auf ein gewärmtes Tuch legen, zudecken und nochmals 5–8 Minuten ruhen lassen. Fett erhitzen, den Teig in die Länge ziehen und langsam goldgelb backen.

Walnußplätzchen mit Rum

eingereicht von Ursula Philipp, München

200 g Butter
125 g Zucker
250 g Mehl
100 g Walnüsse, fein gerieben
1 Schnapsglas Rum
1 Prise Salz
Aprikosenmarmelade zum Füllen
100 g Puderzucker und etwas Rum für die Glasur
Walnußhälften zum Belegen

Aus Butter, Zucker, Mehl, geriebenen Walnüssen, Rum und einer Prise Salz einen Knetteig herstellen. Mindestens 2 Stunden kalt stellen. Runde, gezackte Plätzchen ausstechen und bei 160 Grad hellgelb backen. (Vorsicht, der Teig ist sehr weich.) Die noch warmen Plätzchen mit Aprikosenmarmelade bestreichen und jeweils 2 Stück aufeinanderlegen (glatte Seite nach innen). Den gesiebten Puderzucker mit Rum verrühren und die Plätzchen mit der Rumglasur bestreichen. Bevor die Glasur erhärtet, die Plätzchen mit einer halben Walnuß krönen.
Die Plätzchen schmecken nach einer Lagerzeit von drei Wochen am besten.

Großmutters Apfelbrot

eingereicht von Marianne Harbauer, Geretsried

750 g Äpfel
2 EL Honig
80 g Zucker
2–3 EL Obstler oder Kirschwasser
200 g Rosinen
125 g ganze Mandeln
125 g ganze Haselnüsse
1 EL Kakaopulver
500 g Mehl
½ Päckchen Lebkuchengewürz
etwas Zimt
1½ Päckchen Backpulver

Die Äpfel grob raspeln. Mit Honig, Zucker, Obstler oder Kirschwasser gut vermischen und einige Stunden (am besten über Nacht) stehen lassen. Dann mit den übrigen Zutaten zu einem Teig verkneten. Eine große Kastenform mit Backpapier auslegen, den Teig einfüllen und bei 175 Grad eine Stunde backen. Variante: Anstelle des Alkohols kann man auch Apfelsaft nehmen.

Lebkuchenschnitten

eingereicht von Margot Feldmeier, München

750 g Honig
4 Eier
2 EL Cognac
125 g ungeschälte, geriebene Mandeln
125 g geriebene Nüsse
125 g Zitronat
125 g Orangeat
1 Päckchen Lebkuchengewürz
etwas Anis und Muskat
2 TL Kakaopulver
1 Msp. Nelken
1 kg Weizenmehl (Vollkorn)
1 Päckchen Backpulver
100 g Diätmargarine
Fett fürs Blech
Eigelb zum Bestreichen
geschälte Mandeln zum Verzieren

Honig und Eier schaumig rühren. Den Cognac, die geriebenen Mandeln, die Nüsse, Zitronat und Orangeat sowie die Gewürze dazugeben. Mehl und Backpulver mit einem Holzlöffel unterziehen. Dann die Margarine einkneten. Ein Blech fetten. Den Teig ausdrücken oder ausrollen. Mit Eigelb bestreichen und mit geschälten Mandeln Lebkuchenstücke markieren. Bei 200 Grad auf der Mittelschiene ca. 20 Minuten backen. Noch heiß schneiden.

Gewürzkuchen

eingereicht von Margot Feldmeier, München

300 g gemahlener Weizen
¼ l Wasser
150 g Butter
5 EL Honig
3 ganze Eier
etwas Öl
200 g geriebene Nüsse oder Mandeln
1 Päckchen Backpulver
Gewürze: Zimt, Nelken, Piment, Lebkuchengewürz
etwas Kakaopulver nach Belieben
Saft und Schale einer Zitrone
3 EL Rum
Fett für die Form

200 g Weizenmehl und Wasser mischen, einweichen lassen. Butter und Honig schaumig rühren und die Eier dazugeben. Öl, Nüsse oder Mandeln mit 100 g Weizenmehl, Backpulver und Gewürzen mischen, dann zusammen mit dem eingeweichten Weizen zur Schaummasse geben. Die Zitronenschale reiben und mit dem Saft und dem Rum zum Teig geben. Diesen in eine gefettete Kuchenform legen, in den kalten Ofen setzen und bei 180 Grad auf der Mittelschiene ca. ¾ bis 1 Stunde backen.

Whisky-Torte

eingereicht von Wilma Buksch, München

für den Teig:
150 g Mehl
100 g Hasel- oder Walnüsse, gerieben
3 EL Zucker, braun
2 Eigelb
2 EL Wasser
100 g Margarine

für die Füllung:
6 Blatt oder 1 Tüte gemahlene Gelatine
6 gehäufte TL Pulverkaffee
etwas kochendheißes Wasser
ca. 0,1 l ($\frac{1}{2}$ Tasse) Whisky
etwas kaltes Wasser
2 Eigelb, 2 Eiweiß
125 g Zucker
$\frac{1}{4}$ l Schlagsahne

zum Garnieren (nach Wahl):
kleine Mokkabohnen oder
$\frac{1}{8}$ l Schlagsahne, Vanillezucker, geriebene Schokolade

Mehl, Nüsse und braunen Zucker mischen, Eigelb, Wasser und Margarine (flöckchenweise) hinzufügen. Einen glatten Teig kneten und ausrollen. Boden und Rand einer 5 cm hohen Springform mit dem Teig auslegen. Bei 180 Grad etwa 15 Minuten backen, bis der Teig eine goldgelbe Färbung besitzt. Zwischenzeitlich die Füllung vorbereiten: Die Gelatine kalt einweichen, den Pulverkaffee in wenig Wasser auflösen, Whisky zugießen und mit kaltem Wasser auf $\frac{1}{4}$ l Flüssigkeit ergänzen. Jetzt die Gelatine in kochendheißem Wasser auflösen und zur Kaffeeflüssigkeit geben. Eigelb mit Zucker schaumig rühren, mit der Kaffeeflüssigkeit vermischen und die so entstandene Creme kalt stellen. Eiweiß und Sahne getrennt steif schlagen und darunterheben, sobald die Creme zu gelieren beginnt. Creme auf den gut abgekühlten Tortenboden geben und glattstreichen. Mit kleinen Mokkabohnen belegen oder kurz vor dem Servieren mit steifer Schlagsahne garnieren, die mit etwas Vanillezucker abgeschmeckt wird. Schokolade darüberraspeln.

Rum-Torte

eingereicht von Barbara Hammerl, Moosbach

für den Biskuit-Teig:
300 g Zucker
6 ganze Eier
1 Prise Salz
3 EL warmes Wasser
2 TL Backpulver
1 Päckchen Vanillinzucker

für die Fertigstellung:
10 EL Rum
$\frac{1}{4}$ l Milch
150 g Zucker
2 Eigelb
1 Päckchen Vanillinzucker
125–250 g Butter
Schokoladenguß

Zunächst aus den Teig-Zutaten einen Biskuit backen. Nach dem Erkalten schneidet man den Biskuit in drei Teile. Ein Teil legt man in eine Springform. Die anderen Teile werden in Stücke geschnitten und mit 8 EL Rum getränkt. Danach bereitet man die Füllung zu: Milch, Zucker, Eigelb und Vanillezucker werden aufgekocht. Anschließend wieder erkalten lassen. Jetzt die Butter schaumig rühren und mit 2 EL Rum unterziehen. Diese Masse mit den getränkten Biskuitwürfeln mischen und auf den Biskuitteig in der Form schichten. Zum Schluß mit Schokoladenguß überziehen.

Apfelsinen-Torte

eingereicht von Evelyn Haas, Veitsbronn

250 g Butter
200 bis 250 g Puderzucker
1 Zitrone
1 kg Apfelsinen
2 Päckchen Vanillepudding
$^3/_8$ l Milch

1 dreifacher Tortenboden
Apfelsinensaft für zwei Tortenbodenschichten
1 EL Puderzucker mit Apfelsinensaft für die 3. Oberschicht
500 g Mandarinen

Die Butter schaumig rühren, mit durchpassiertem Puderzucker, der abgeriebenen Schale einer Zitrone und einer Apfelsine mischen.

Die Apfelsinen auspressen (ergibt etwa $^3/_8$ l Apfelsinensaft). Diesen Saft und den Saft einer Zitrone mit dem Vanillepuddingpulver verrühren und anschließend in die heiße Milch einrühren. Wenn die Mischung zu blubbern anfängt, nimmt man sie von der Kochstelle und rührt kräftig, bis alles schön sämig ist. Am besten stellt man den Topf ins Wasserbad und rührt so lange, bis die Masse fast kalt ist. Den so entstandenen Pudding anschließend löffelweise unter die zuerst hergestellte Buttercreme geben und einrühren.

Vom dreifachen Tortenboden die zwei unteren mit Apfelsinensaft bepinseln. Den oberen Tortenboden umdrehen und zum Schluß mit in Apfelsinensaft aufgelöstem Puderzucker bepinseln. Die Mandarinen zum Verzieren ebenfalls in gelösten Puderzucker tauchen. Die Tortenböden einzeln dick mit Creme bestreichen, auch den oberen Tortenboden, der schon die Puderzuckerglasur trägt. Die Tortenränder werden ebenfalls mit Creme bestrichen. Tortenböden aufeinandersetzen. Vor dem Verzehr mindestens einen Tag kühl stellen.

Rhabarberkuchen

eingereicht von Eleonore Spönlein, Mindelheim

für den Teig:
300 g Mehl
150 g Butter
150 g Zucker
1 Prise Salz
1 ganzes Ei
2 gestr. TL Backpulver

für den Belag:
Öl zum Bestreichen
ca. 750 g Rhabarber
140 g Zucker
3 Eiweiß
3 Eigelb
3 EL Sahne oder Dosenmilch
1 Päckchen Vanillezucker
2 geh. TL Stärkemehl

Zunächst aus Mehl, Butter, Zucker, Salz, Ei und Backpulver einen Teig für den Kuchenboden kneten. Den Bodenteig in eine Springform legen, mit Öl bestreichen, den gewürfelten Rhabarber darauf verteilen, mit 40 g Zucker bestreuen und ca. 20–30 Minuten backen. Inzwischen Eiweiß und restlichen Zucker steif schlagen. In einer zweiten Schüssel Eigelb, Sahne, Vanillezucker und Stärkemehl verquirlen und unter die Eischneemasse heben. Nun den Guß über den vorgebackenen Rhabarberkuchen gießen und nochmals ca. 15–20 Minuten backen.

Linzer Torte

eingereicht von Ute Haupt-Hodis, Wertheim

für den Teig:
140 g Mehl
140 g Zucker
140 g gemahlene Haselnüsse
je 1 Prise Nelkenpulver, Muskatnuß, Salz
¼ TL Zimt
etwas abgeriebene Zitronenschale

für den Belag:
1 Glas Johannisbeer- oder Aprikosen-Konfitüre
oder je ½ Glas Himbeer- und Preiselbeerkonfitüre
1 Eigelb

Alle Zutaten für den Teig in eine Schüssel geben und mit dem Knethaken gut durcharbeiten. Danach nochmals mit den Händen gut durchkneten. Teig etwa 30 Minuten kalt stellen. Danach Teig in zwei Hälften teilen. Von der einen Teighälfte ⅓ für den Kuchenrand zur Seite legen. Die anderen ⅔ auf dem Boden einer 22er Springform ausrollen. Das eine Drittel Teig zu einer Rolle formen und in den Rand der Form legen. Etwa 1,5 cm hochdrücken. Jetzt die Konfitüre auf den Boden streichen. Die andere Teigportion ausrollen und in etwa 1,5 cm breite Streifen schneiden oder mit einem Teigrädchen ausradeln. Die Streifen gitterförmig auf den Kuchen legen. Eigelb mit etwas Wasser verrühren und das Teiggitter damit bestreichen. Danach im auf 175 Grad vorgeheizten Backofen etwa 50 bis 55 Minuten backen. Nach kurzer Auskühlzeit den Kuchen ganz aus der Form lösen und vollständig auskühlen lassen. (Anstelle der Gitterstreifen kann man für die Verzierung des Kuchens auch Sternchen oder Herzchen aus dem Weihnachtssortiment verwenden.)

Griesigel

eingereicht von Maria Gafus, Anger bei Bad Reichenhall

100 g Zucker
4 Eier
180 g Gries
etwas Butter für die Form
$\frac{1}{2}$ l Milch
Zucker und Zimt nach Belieben
Kompott nach Belieben

Zucker und Eier schaumig rühren, den Gries dazugeben und alles in eine gebutterte Form füllen. Ca. 45 Minuten bei 180 Grad backen, anschließend die kochende Milch über den Griesigel gießen und noch etwa 15 Minuten einziehen lassen.
Nach Belieben Zucker und Zimt darüberstreuen und mit Kompott servieren.
Der Griesigel schmeckt auch kalt zum Kaffee.

GETRÄNKE

Zitronen-Bowle ohne Alkohol

eingereicht von Johanna Ritzel, Reichertshofen

4 ungespritzte Zitronen
200 g Zucker
1 Gläschen Lemon Squash
1 Flasche Bitter Lemon (0,7 l)
1 Flasche Mineralwasser (0,7 l)

Die Zitronen mit heißem Wasser gründlich waschen und mit Küchenkrepp gut abreiben. Anschließend mit einem scharfen Küchenmesser in dünne Scheiben schneiden. Die einzelnen Stücke in ein Bowlengefäß geben, mit Zucker bestreuen und mit Lemon Squash übergießen. Eine Stunde kühl stellen. Danach Bitter Lemon und Mineralwasser – beides gut gekühlt – zugießen, umrühren und sofort servieren.

Bananen-Bowle

eingereicht von Johanna Ritzel, Reichertshofen

für 8 Personen :
1 kg geschälte, in Scheiben geschnittene Bananen
150 g Zucker
2 große Gläser Aprikosenlikör
Saft von 3 Zitronen
2 Flaschen Frankenwein
1 Flasche trockener Sekt, gut gekühlt

Bananenscheiben, Zucker, Aprikosenlikör, Zitronensaft und 1 Flasche Frankenwein in ein Bowlengefäß geben. Zugedeckt 3 Stunden ziehen lassen. Kurz vor dem Einschenken den restlichen Wein und den Sekt dazugießen.

Variante: 4 geschälte Bananen in Scheiben schneiden und mit einigen entsteinten Kirschen in das Bowlengefäß geben. Mit 1 Flasche Rotwein übergießen, Zucker hinzugeben, 3 Stunden ziehen lassen. Mit jeweils 1 Flasche Weißwein und 1 Flasche Sekt auffüllen.

Hagebutten-Likör

eingereicht von Heidi Ulrich, Allersberg

500 g eingestochene Hagebutten
¾ l Alkohol (60%ig)
350 g Zucker
½ l Wasser

Die Hagebutten mit Alkohol übergießen und zugedeckt 4 Wochen an einem warmen Ort stehen lassen. Dann die Flüssigkeit abseihen und mit dem Zucker und dem Wasser aufkochen. In Flaschen füllen und im Advent genießen.

Himbeersaft auf kaltem Wege

eingereicht von Brunhilde Otto, Obernburg/Main

3 l (= 1500 g) Himbeeren
2 l Wasser
50 g Weinsteinsäure
Zucker

Himbeeren mit Wasser und Weinsteinsäure in einem großen Topf (Plastik oder Stahl) gut durchmischen und anschließend 24 Stunden in den Kühlschrank oder Keller stellen. Dann läßt man das Gemisch durch ein mit einem Tuch ausgelegtes Sieb laufen (nicht ausdrücken). Auf 1 l durchgelaufenen Saft gibt man 1250 g Zucker und erwärmt alles langsam unter Rühren. Nicht kochen lassen! Der Zucker soll sich langsam auflösen. Saft in nicht allzu große Flaschen füllen, mit Cellophan-Papier verschließen.

Lindenblütensekt ohne Alkohol

eingereicht von Edith Kriechenbauer, Geretsried

6 l Leitungswasser (oder stilles Mineralwasser)
500–600 g Zucker
2 Handvoll Lindenblüten
$1\frac{1}{2}$ Zitronen, ungespritzt
$\frac{1}{8}$ l Obstessig

Wasser und Zucker verrühren. Die Lindenblüten dazugeben, ebenso die mit der Schale zerkleinerten Zitronen und den Obstessig, anschließend die zerkleinerten Lindenblüten in das Gemisch geben. Zwei Tage an einem sonnigen Ort stehen lassen, abseihen und schon ist der Lindenblütensekt trinkfertig. Wenn man das Gemisch 3–4 Wochen stehen läßt, wird es zum sprudelnden Sektgetränk.